Ursula Calis

DAS KLEINE KÜRBIS-KOCHBUCH

KOMPASS Küchenschätze

EIN WORT ZUVOR

Die Geschichte besagt, dass Kolumbus den Kürbis aus Südamerika nach Europa gebracht hat, so wie viele andere Obst- und Gemüsesorten auch. Zwar wurde der Kürbis in unseren Breiten angenommen, jedoch nicht so kultiviert wie beispielsweise die Kartoffel. Erst in den letzten 20 Jahren hat man entdeckt, dass der Kürbis ein überaus nahrhaftes Gemüse ist und seine Kerne ein hochwertiges Öl liefern. Zudem lässt er sich wunderbar als Dekorationselement einsetzen, da man ihn aushöhlen und dann einschnitzen kann.

In Österreich, Deutschland und in der Schweiz gibt es zahlreiche Bauernhöfe, die sich auf den Anbau von Kürbissen spezialisiert haben. Hierunter fallen reine Ölkürbisse, aber vor allem auch die vielen verschiedenen, essbaren Sorten.

Besonders im Herbst gibt es in zahlreichen Orten „Kürbisfeste" mit einem reichhaltigen Angebot an frisch geernteten Feldfrüchten, die aufgrund ihrer Form, Farbe und ihres Gewichts stets auffallen.

Kürbisse können weiß, gelb, dunkelgrün oder einfach grau sein und eine glatte, gerippte, genoppte oder gewellte Schale aufweisen. Als essbare Früchte – sie zählen eigentlich zu den Beeren – sind sie überaus gesund. Ihr leicht zu verarbeitendes Fruchtfleisch enthält wertvolle Vitamine sowie Mineralstoffe. Das aus den Kernen gewonnene Öl ist besonders wertvoll.

Wie vielseitig der Kürbis sich im Haushalt verarbeiten lässt, zeigen Ihnen die Rezeptvorschläge dieses Buches. Sie finden Suppen, Vorspeisen, Salate, Gemüsegerichte, aber auch Süßspeisen und Gebäck – bei denen Kürbis stets Verwendung findet. Haben Sie einmal einen größeren Kürbis erstanden, so finden Sie im letzten Kapitel dieses Buches vielfältige Vorschläge zum Einlegen oder Einkochen. Im Einleitungsteil erfahren sie alles Wissenswerte über die bekanntesten Kürbissorten und deren Lagerung sowie einige Infor-

mationen über die gesundheitliche Bedeutung.
Der Rezeptteil liefert Ihnen dann Vorschläge für eine Vielzahl raffinierter Gerichte. So wird es Ihnen sicher Freude machen, zahlreiche Ideen rund um das Kochen mit Kürbissen auszuprobieren. Dabei wünsche ich Ihnen viel Erfolg und stets ein gutes Gelingen.

Ihre
Ursula Calis

INHALT

DIE SPEISEKÜRBISSE

HERKUNFT

Der Kürbis hat eine sehr alte Geschichte und eine lange Tradition. Er gehört zu den ältesten Kulturpflanzen der Welt und es wird vermutet, dass bereits 5000 v. Chr. die Indios von Peru bis Mexiko den Kürbis angebaut haben. So entstammen seine Wurzeln aus Südamerika, aber auch in Europa, jedoch vor allem in Asien kennt man den Kürbis.

Belegt ist, dass Kolumbus neben anderen Obst- und Gemüsesorten auch den Kürbis mitgebracht hat. Inzwischen gibt es mehr als 800 bekannte Sorten, von denen viele auch eßbar sind und hierzulande auf Feldern sowie in Gärten gedeihen. Aber auch in Asien – sowohl in China als auch in Japan -, in Australien und Südafrika ist der Kürbis kultiviert worden. Als „Kaiser des Gartens" bezeichnen ihn die Chinesen seit Jahrhunderten.

Wichtig zu wissen ist, dass die riesigen Gemüsekürbisse gemäß botanischer Definition eigentlich zu den Beeren gehören und meterlange Ranken entwickeln, die erst kurz vor der Ernte durchgetrennt werden.

BEKANNTE SORTEN

In der Familie der cucurbitaceae (Kürbisgewächse) unterscheidet man bei den essbaren Sorten zwischen Sommer- und Winterkürbissen.

Zu den Sommerkürbissen gehören vor allem solche Sorten, die weiche Kerne und eine eher dünne, essbare Schale aufweisen. Sie können auch roh verzehrt werden, sind jedoch nur ca. 3 Wochen haltbar. Zu ihnen gehören beispielsweise Zucchini (hell- oder dunkelgrün bzw. gelb), Rondini und Gurken (Mini- bzw. Schmorgurken, Salat- und Einlegegurken).

Winterkürbisse sind wesentlich größer und werden erst im Spätherbst geerntet, dann wenn ihre Schale dick sowie hart ist. Die Früchte müssen reif sein und die Schale sollte keine Druckstellen aufweisen. Die Reife lässt sich – wie bei der Melone - durch Klopfen feststellen: hört man einen hohlen Ton, so ist der Kürbis gerade richtig. Die bekanntesten Sorten sind:

Riesen- oder Speisekürbis

Die meist kugelförmigen

Früchte können 50 kg und mehr erreichen. Als „gelber Zentner“ ist der Riesenkürbis in vielen Ländern Europas verbreitet. Die Schale ist fest, dick und ungenießbar, das Fruchtfleisch hingegen umso saftiger. Es ist orange bis gelbrot und enthält zahlreiche Vitamine sowie Mineralstoffe. Um größere Kürbisse bequem zu verarbeiten, schneidet man sie zunächst in Spalten, entfernt dann das faserige Innere und löst streifenweise die Schale mit einem scharfen Messer. Riesenkürbisse kommen in der Regel ab Mitte August/Anfang September auf den Markt. Man sollte sie stets an einem kühlen, trockenen Ort lagern.

Das Fruchtfleisch, welches

nicht roh gegessen werden sollte, ist Grundlage für viele Kürbisgerichte (z.B. Suppen, Fleischspeisen, Desserts etc.) dieses Buches.

Moschuskürbis

Diese vielfältige Kürbissorte ist wegen ihrer Unempfindlichkeit vor allem in heißen, tropischen Regionen verbreitet. Das Fruchtfleisch unter der nicht

allzu harten Schale ist dunkelgelb und verströmt einen angenehmen Duft. Zur Gruppe der Moschuskürbisse gehören auch die vielfältig angebotenen „Butternut“ (Butternusskürbis) sowie der aus Japan stammende „Hokkaido“-Kürbis.

Spaghettikürbis

Diese Kürbisart stellt eine Besonderheit dar, denn die ca. 25 cm langen Früchte weisen ein sehr faseriges Inneres auf, das an Spaghetti erinnert. Der Kürbis wird daher im Ganzen gegart, damit man aus dem Inneren raffinierte Gerichte zubereiten kann.

Patisson

Die Patissons werden auch „squash“ oder „Bischofsmütze“ genannt. Diese Kürbisart war zunächst in den USA ein

weit verbreitetes Gemüse, kommt jedoch in den letzten Jahren verstärkt aus Frankreich auf unsere Märkte. Die kleinen ca. 8 – 15 cm großen Kürbisfrüchte werden in der Regel ungeschält zubereitet. Sie haben ein weiches Inneres und lassen sich daher ideal füllen. Sie sind ein attraktives, gesundes Gemüse, dessen Geschmack an Zucchini erinnert.

LAGERUNG

Frisch geerntete oder gekaufte Kürbisse lagert man am besten an einem kühlen, gut belüfteten Ort bei Temperaturen unter 16° C. So sind sie dann – je nach Reifegrad - einige Wochen lang haltbar. Angeschnittene Kürbisse müssen stets in wenigen Tagen verarbeitet werden. Aus großen Mengen kann man Gelees oder Püree zubereiten, das sich gut einfrieren lässt. Passende Rezepte finden Sie im letzten Abschnitt dieses Buches.

GESUNDHEITLICHE BEDEUTUNG

Das Kürbis-Fruchtfleisch liefert Beta-Karotin, Folsäure, Kalium sowie die Vitamine C und E, dazu Calcium und Magnesium. Das sind Vitamine und Mineralstoffe, die wir täglich brauchen. Da der Kürbis bis zu 95% Wasser enthält, ist er besonders kalorienarm. Bereits im Mittelalter galt er als bewährtes Heilmittel bei Herz- und Nierenleiden, da man seine harntreibenden, entwässernden Eigenschaften bereits früh erkannte. Kürbiskerne – mehr als die Hälfte ihres Fettgehalts besteht aus ungesättigten Fettsäuren – bieten einen optimalen Zellschutz. Aber auch bei Blasenfunktionsstörungen sowie Prostatabeschwerden hat sich dieses einzigartige Lebensmittel bewährt.

KÜRBISKERNE UND KERNÖL

Kürbiskerne werden meist aus dem Inneren des Riesen- oder Speisekürbis oder aus speziellen Öl-Kürbissen gewonnen. Getrocknet und geröstet sind sie eine beliebte Knabberei oder lassen sich in verschiedenen Gebäcken bestens verarbeiten. Man kann aus den sehr nährstoffhaltigen Kernen jedoch auch ein aromatisches, dunkelgrünes Öl gewinnen, das vorzüglich für Salate aller Art sowie Vorspeisen geeignet ist.

Das wohl bekannteste Anbaugebiet ist die Steiermark. Dort werden spezielle Kürbisse kultiviert, aus denen bis zu 150 g Kerne gewonnen werden. Für 1 Liter Kernöl benötigt man wiederum ca. 2,5 kg getrocknete Kerne. Das dezent nussige Aroma des Öls entstammt dem Röstvorgang. Es soll am besten kalt verwendet werden, d. h. es eignet sich nicht zum Braten, da sonst die wertvollen Inhaltsstoffe zerstört werden.

AVOCADO-KÜRBISSALAT MIT SHERRYCREMEDRESSING

Salat
250 g Kürbisfleisch, vorgegart
150 g Frühlingszwiebeln, Salz, weißer Pfeffer
50 g geröstete Kürbiskerne
100 g Spargelspitzen aus dem Glas, abgetropft
2 vollreife Avocados, 1 EL Zitronensaft
1 Kästchen Gartenkresse
8 Kirschtomaten als Garnitur
Dressing
50 g Crème fraîche, 50 g Mascarpone
1 TL Dijon-Senf, Salz, weißer Pfeffer
1 Prise Cayennepfeffer, etwas Currypulver
4 EL Sherryessig, 2 EL trockener Sherry
ca. 75 ml Sonnenblumenöl

▶ Das Kürbisfleisch würfeln, die Frühlingszwiebeln putzen, waschen, kleinschneiden und in kochendem Salzwasser ca. 1 Minute lang blanchieren. Auf einem Sieb abtropfen lassen.

▶ Die Avocados schälen, halbieren, den Kern herauslösen und das Fruchtfleisch in Spalten schneiden, dann mit Zitronensaft bestreichen und beiseite stellen. Die Blättchen der Kresse mit einer scharfen Schere abschneiden.

▶ Für das Dressing die Crème fraîche mit dem Mascarpone cremig rühren, mit Senf, Gewürzen, Essig sowie Sherry abrunden, zuletzt das Öl unter beständigem Rühren dazugießen.

▶ Die Salatzutaten mit Ausnahme der Avocados in eine Schüssel geben, das Dressing darüber verteilen, alles locker durchmischen.

▶ Die Avocados auf Tellern anrichten, mit halbierten Kirschtomaten garnieren und den Salat daneben anrichten.

Tipp:
Zu dieser Salat-Variation passt am besten frisch geröstetes Weißbrot.

HERZHAFTER KÜRBIS-EINTOPF

2 mittelgroße Zwiebeln, 40 g Pflanzenmargarine
500 ml Wasser, 700 g Kürbis
500 g Kartoffeln (Erdäpfel), 2 Stangen Lauch
2-3 TL gekörnte Gemüsebrühe
1 TL Pfefferkörner, 1 TL gem. Kümmel
1 zerdrückte Knoblauchzehe, 3 reife Tomaten, Salz

▶ Die Zwiebeln schälen, würfeln und in der Margarine andünsten.

▶ Kürbis und Kartoffeln schälen, würfeln und dazugeben, dann mit der in Wasser gelösten Brühe aufgießen.

▶ Etwa 10 Minuten garen, anschließend würzen und die zerdrückte Knoblauchzehe dazugeben, zuletzt den gewaschenen, kleingeschnittenen Lauch hinzufügen.

▶ Nochmals ca. 15 Minuten auf niedriger Stufe köcheln lassen. Zuletzt den Eintopf erneut abschmecken und mit enthäuteten, geachtelten Tomaten garnieren.

KARTOFFEL (ERDÄPFEL)-SALAT MIT KÜRBIS UND KAPERN

500 g festkochende Kartoffeln (Erdäpfel)
200 g eingelegter Kürbis in Stückchen
2 kleine, mildsaure Äpfel, 2 kleine Zwiebeln
200 g Mayonnaise, Salz, weißer Pfeffer
1 TL Dijon-Senf, 2 EL feine Kapern

- Die Kartoffeln bürsten, mehrfach einstechen, dann in reichlich gesalzenem Wasser gar kochen. Abgießen, kurz in kaltes Wasser geben, dann die Haut abziehen, ausdampfen lassen. In Scheiben schneiden und mit dem abgetropften Kürbis in einer Schüssel mischen.
- Die Äpfel schälen, vierteln, vom Kerngehäuse befreien, dann in Spalten schneiden. Die Zwiebeln ebenfalls schälen und in feine Ringe zerteilen. Beides unter die Kartoffeln geben.
- Aus Mayonnaise, Salz, Pfeffer, Senf sowie Kapern eine raffinierte Marinade anrühren, bei Bedarf etwas Kürbissud dazugeben, dann mit den Salatzutaten mischen.
- Gut zugedeckt mindestens 3 Stunden lang im Kühlschrank durchziehen lassen.

KAROTTEN-KÜRBISSUPPE

200 g Kürbisfleisch, 200 g Karotten (gelbe Rüben)
2 EL Pflanzenöl, 1 TL Currypulver, 1 EL Mehl
1 l Gemüsebrühe, 2 kleine Kartoffeln (Erdäpfel)
125 ml Orangensaft
weißer Pfeffer, Cayennepfeffer, Salz
1 EL geh. Petersilie

- Das Gemüse putzen oder schälen und waschen. Von den Karotten 4 sehr dünne Streifen schneiden, das restliche Gemüse würfeln und in heißem Pflanzenöl andünsten.

▶ Mit Currypulver sowie Mehl bestäuben, dann mit der kalten Gemüsebrühe aufgießen und unter beständigem Rühren einmal aufkochen. Zwischendurch Kartoffelwürfel dazugeben. Das Gemüse ca. 25 Minuten garen, dann pürieren.

▶ Mit Orangensaft aufgießen, mit Cayenne- und weißem Pfeffer sowie Salz abschmecken.

▶ Zuletzt die Karottenstreifen dazugeben, alles nochmals erhitzen, so auf Suppentassen verteilen, dass in jeder Tasse ein dekorativer Karottenstreifen ist und zuletzt die Suppe mit frisch gehackter Petersilie garnieren.

KÜRBISSSUPPE MIT FEINEN KÄSEKNÖDELN

***Suppe*:**
2,5 kg frischer Kürbis, 500 g Lauch
150 g Zwiebeln, 60 g Butterschmalz
Salz, weißer Pfeffer, 3-4 TL Currypulver
1 l Hühnerbrühe, 1/4 l trockener Weißwein
125 ml süße Sahne (Obers), 200 g Crème fraîche
***Käseknödel*:**
500 ml Milch, 20 g Butterschmalz
1 gestr. TL Salz, ca. 130 g feiner Grieß
1/2 Bund Majoran, 2 Eigelb (Eidotter)
125 g geriebener Käse, z.B. Allgäuer Bergkäse

- Den Kürbis schälen, das Kerngehäuse entfernen und das Fruchtfleisch würfeln. Den Lauch putzen, waschen und in Ringe schneiden. Die Zwiebel schälen, fein würfeln, dann in heißem Butterschmalz in einem großen Topf glasig dünsten.
- 300 g Kürbiswürfel beiseite stellen. Die restliche Menge mit den Gewürzen zu den Zwiebeln geben, mitdünsten lassen. Mit Hühnerbrühe und Weißwein ablöschen. Zugedeckt ca. 30 Minuten dünsten, dabei gelegentlich umrühren.
- Für die Käseknödel die Milch mit Butterschmalz und Salz aufkochen. Den Topf von der Kochstelle nehmen und den Grieß unter Rühren zufügen. Unter kräftigem Umrühren kurz aufkochen, gehackten Majoran, geriebenen Käse und Eigelbe in die leicht abgekühlte Masse einarbeiten. Ganz abkühlen lassen, dann kleine Knödel abstechen, nachformen und in siedendem, leicht gesalzenen Wasser ca. 5 Minuten lang garziehen, bis die Knödel hochsteigen. Mit einer Schaumkelle herausheben und auf eine große Platte legen.
- Die Kürbissuppe mit dem Pürierstab fein pürieren. Die restlichen Kürbiswürfel sowie die Lauchringe in die Suppe geben. Zugedeckt ca. 8 – 10 Mi-

nuten garen, dann Sahne und Crème fraîche unterziehen und die Suppe kräftig abschmecken.

▶ Zuletzt die Käseknödel hineingeben, kurz ziehen lassen, dann das Gericht servieren.

KÜRBISSUPPE MIT MANDELNOCKEN

Mandelnocken:
100 g weiche Butter, 3 Eigelbe (Eidotter)
100 g gem. Mandeln
Suppe:
1 Knoblauchzehe, 2 Zwiebeln, 1 TL Fenchelsamen
1 EL frisch gehackter Ingwer oder
1 TL gemahlener Ingwer, 2 EL Butter
600 g frisches Kürbisfleisch
100 ml trockener Weißwein, 1 l Gemüsebrühe
200 ml süße Sahne (Obers), 2 EL Kürbiskernöl
Salz, frisch gem. Pfeffer
je 1 Prise Muskat und Zimt, 2 EL gehobelte Mandeln

- Die Butter in eine Schüssel geben, mit Salz, Pfeffer sowie Muskat würzen, dann sehr schaumig rühren, anschließend 2 EL gemahlene Mandeln dazugeben und die Eigelbe einzeln unterziehen. Nun die Buttermischung mit den restlichen gemahlenen Mandeln verkneten.
- Den Teig ca. 2 Stunden lang kühl stellen. Danach mit feuchten Händen aus der Masse kleine Nocken herstellen. Nochmals durchkühlen lassen.
- Knoblauch und Zwiebeln schälen, dann fein würfeln. Die Fenchelsamen mörsern oder, mit etwas Butter verknetet, fein hacken. Alles zusammen mit dem vorbereiten Ingwer ca. 2 Minuten in Butter anschwitzen.
- In der Zwischenzeit das Kürbisfleisch grob zerkleinern und für 5 Minuten mitgaren lassen.
- Mit Weißwein ablöschen, diesen kräftig einkochen lassen. Hierzu die Kochstelle hochschalten, die Masse jedoch beobachten und beständig umrühren.
- Nun mit der Gemüsebrühe auffüllen und das Kürbisfleisch auf niedriger Stufe in ca. 20 Minuten weichkochen.

- Im Mixer oder mit Hilfe des Pürierstabes zu einer cremigen Masse verarbeiten.
- Nochmals erhitzen, dann die Mandelnocken darin ca. 10 Minuten ziehen lassen, die Sahne unterziehen, kräftig abschmecken und auf vorgewärmte Teller oder Suppentassen verteilen.
- Mit Kürbiskernöl beträufeln und mit gehobelten Mandeln bestreuen.
- Sofort servieren.

Tipp:
Die Mandelnocken passen auch gut zu klaren Suppen. Roh lassen sie sich bestens einfrieren. Diese bei Bedarf einfach in heiße Flüssigkeit geben.

PESTO AUS KÜRBISKERNEN

100 g Basilikum, 50 g Kürbiskerne
ca. 30 g Parmesan, ca. 30 g Pecorino (ital. Schafkäse)
2 – 3 Knoblauchzehen, 2 Schalotten
Salz, Pfeffer aus der Mühle
75 ml Kürbiskernöl, 75 ml kaltgepresstes Olivenöl

- Die Basilikumblätter mit einem feuchten Tuch abreiben (nicht waschen). Die Kürbiskerne in einer Pfanne oder im Backofen anrösten, dabei vorsichtig kontrollieren, damit die Bräunung nicht zu stark wird.
- Basilikumblätter, Kürbiskerne, geschälten sowie gepressten Knoblauch und Schalotten zusammen in einem Mörser zerstoßen, dezent salzen. Nach und nach die beiden geriebenen Käsesorten untermischen.
- Die Masse in eine Schale füllen, dann die beiden Ölsorten portionsweise unterziehen. Die fertige Sauce ist dann dunkelgrün und etwas cremig.

Tipp:
Wer keinen Mörser besitzt, kann die Zutaten auch in einem leistungsstarken Mixer langsam zerkleinern. Die Sauce passt zu gedünsteten Kartoffeln (Erdäpfeln), vor allem aber zu Nudeln.

SPAGHETTIKÜRBIS-SALAT

ca. 600-700 g Spaghettikürbis, 2 Zwiebeln
3 vollreife Tomaten oder 250 g Cocktailtomaten,
1 EL Zitronensaft, 1 Knoblauchzehe, 2 EL Apfelessig,
80 ml Brühe, 6 – 7 EL Öl, Salz, weißer Pfeffer
1 Prise Cayennepfeffer

- Den Kürbis im Ganzen in einen hohen, weiten Kochtopf geben, reichlich gesalzenes Wasser hinzufügen, einmal aufkochen, dann auf niedriger Stufe ca. 40 – 50 Minuten weichgaren. Der Kürbis ist gar, wenn sich die Schale leicht eindrücken lässt. Herausnehmen und abkühlen lassen.
- Den Kürbis in der Mitte durchschneiden, die Kerne entfernen, das Fruchtfleisch mit Hilfe eines Löffels herauslösen und in eine Servierschüssel geben.
- Die Zwiebeln schälen, fein hacken. Die Tomaten waschen, trockenreiben, kleinschneiden und dazugeben. Mit Zitronensaft beträufeln, dann locker durchmischen.
- Die Knoblauchzehe schälen, fein hacken und mit Essig, Brühe, Öl sowie den Gewürzen in einer kleinen Schale verquirlen.
- Über den Kürbissalat geben, gleichmäßig unterrühren, dann mindestens 30 Minuten zugedeckt im Kühlschrank durchziehen lassen.

Tipp:
Spaghettikürbis-Salat können Sie als attraktive Vorspeise oder als raffinierte Beilage zu einem beliebigen Fleischgericht servieren.

Interessant für Sie: Der Spaghetti-Kürbis stammt ursprünglich aus Japan, wird mittlerweile aber auch in anderen asiatischen Ländern angebaut. Sein Name entstammt der Tatsache, dass das Fruchtfleisch mit zunehmender Reife spaghettiähnliche Fäden bildet, die sich sogar nach dem Kochen noch voneinander lösen lassen. Man kann das Innere dieser Kürbissorte daher wie Nudeln serviere.

GEBACKENE KÜRBISSPALTEN „ITALIENISCHE ART"

800 g Kürbis z.B. Hokkaido, Salz, weißer Pfeffer
2 Knoblauchzehen, 1/8 l kaltgepresstes Olivenöl
1/8 l Keimöl, 1 Zweig frischer Rosmarin
1 EL Zitronensaft, 1 EL Balsamico-Essig, Olivenöl,
Kürbiskerne (50 – 60 g), Ruccola nach Belieben

- Den Kürbis in dünne, längliche Spalten schneiden, schälen und das faserige Innere herauslösen, dann salzen sowie pfeffern. Auf einem mit Backpapier ausgelegten Backblech ausbreiten.
- Die Knoblauchzehen schälen, in eine kleine Schale pressen, die Öle und die Rosmarinnadeln dazugeben. Den Zitronensaft unterschlagen.
- Nun die Kürbisspalten mit dem Öl bestreichen und bei 210 – 220°C im Backofen ca. 25 – 40 Minuten (je nach Di-

cke) knusprig braun ausbacken. Zwischendurch mehrfach mit der Ölmischung überpinseln.

- Die Kürbisspalten auf einer großen Platte anrichten, dann mit Balsamico überpinseln.
- Die Kürbiskerne in wenig Olivenöl anrösten, dann über die Spalten streuen. Nach Belieben gewaschenen, gut trockengetupften Ruccola dazu reichen.

Tipp:

Die gebackenen Kürbisspalten sind in Italien eine sehr beliebte Vorspeise. Die im Rezept angegebene Menge reicht für ca. 6 Personen, Sie können dann noch folgende Speisen dazu reichen:

ca. 125 g schwarze Oliven
ca. 180 g Mailänder Salami
ca. 250 g Parmaschinken
ca. 150 g eingelegte, getrocknete Tomaten und
ca. 100 g Zucchini in Scheiben

Zusammen mit reichlich frischem Weißbrot haben Sie nun ein typisches „Antipasti"-Angebot für nette Gäste.

KÜRBIS-SAUCE

500 g Kürbis-Fruchtfleisch, vorbereitet
1 mittlere Zwiebel, 25 g Butter
1 TL Currypulver, Salz, weißer Pfeffer
ca. 100 ml trockener Weißwein
ca. 250 ml Gemüsefond, ca. 100 ml süße Sahne (Obers)

- Das Kürbisfleisch fein würfeln. Die Zwiebel schälen, klein hacken, dann in heißer Butter glasig dünsten.
- Die Kürbiswürfel dazugeben und mitdünsten, kräftig würzen und mit Weißwein sowie Gemüsefond ablöschen.
- Auf die Hälfte reduzieren (eindampfen) lassen, dann die Sahne unterziehen.
- Fertiggaren, bis der Kürbis sehr weich ist. Zuletzt die Mischung mit dem Pürierstab fein pürieren, zusätzlich noch durch ein Sieb passieren, erneut erwärmen, dann servieren.

SALATE, GEMÜSE UND VEGETARISCHE GERICHTE

KÜRBISRAGOUT MIT AUSTERNPILZEN UND SAUCE HOLLANDAISE

Gemüse:
600 g Kürbis z.B. Muskatkürbis, 200 g Austernpilze
2 Bund Frühlingszwiebeln, 2 Knoblauchzehen
2 Rosmarinzweige, 3 EL Butterschmalz
400 ml Gemüsebrühe, 2 EL Rosinen
Salz, Pfeffer, Paprikapulver
Sauce:
100 g Butter, 4 – 5 EL trockener Weißwein
1 EL Zitronensaft, 2 Eigelb (Eidotter)
1 EL Senf, Salz, Pfeffer, 1/2 Bund geh. Petersilie

- Den Kürbis in Stücke zerteilen, diese schälen, dann das Innere entfernen und die Stücke in ca. 2 cm große Würfel schneiden.
- Die Austernpilze putzen, dabei die zähen Stiele entfernen, größere Pilze halbieren.
- Die Frühlingszwiebeln putzen, welke Blätter sowie Wurzeln entfernen, dann waschen und in große Stücke schneiden.
- Knoblauch schälen, Rosmarinnadeln abstreifen, beides fein hacken, dann in einem mittelhohen, weiten Topf in heißem Fett kurz anbraten, das vorbereitete Gemüse dazugeben, unter Rühren ca. 2 Minuten braten, danach mit der Gemüsebrühe ablöschen.
- Rosinen dazugeben, alles kräftig würzen und zugedeckt ca. 20 Minuten garen, dabei einmal umrühren.
- Für die Sauce die Butter in einem kleineren Topf schmelzen. In einer separaten Schüssel Weißwein und Zitronensaft mit Eigelb verschlagen, dann würzen und über einem Wasser-

bad mit dem Schneebesen oder dem Elektroquirl dicklich weiterschlagen.

- Dann erst die geschmolzene Butter nach und nach dazugeben. Zuletzt die gehackte Petersilie unterheben.
- Das Kürbisragout abschmecken, etwas Sauce Hollandaise unterrühren, die restliche Sauce separat dazu reichen.

Tipp:

Zu diesem Gericht passen kleine Kartoffel (Erdäpfel)-Knödel, die am besten mit dem Gemüse in tiefen Tellern serviert werden.

KÜRBISSCHNITZEL

600 g Kürbisfleisch (vorbereitet gewogen)
Salz, weißer Pfeffer, Mehl, 2 Eier
Semmelbrösel, ca. 180 g Butterschmalz

- Das Kürbisfleisch in ca. 1 cm dicke Scheiben schneiden, leicht salzen, etwas ziehen lassen, dann mit Küchenpapier trockentupfen oder einige Minuten lang in heißem Salzwasser blanchieren (gilt für festere Sorten).
- Nun die Scheiben pfeffern, dann zunächst in Mehl wenden, durch die verquirlten Eier ziehen und schließlich in Semmelbröseln panieren. Gut anklopfen.
- In einer größeren Pfanne das Butterschmalz erhitzen, die Schnitzel darin goldgelb ausbacken, auf Küchenpapier abtropfen lassen und nochmals würzen

Tipp:
Als Beilage passt dazu ein Kartoffel (Erdäpfel)-Salat.

RAFFINIERT-PIKANTES KÜRBISGEMÜSE

700 g Gartenkürbis, 40 g Butter oder Margarine
jodiertes Meersalz, weißer Pfeffer aus der Mühle
5 zerstoßene Korianderkörner, 2 Stangen Lauch
250 g Champignons, 1 Tasse trockener Weißwein
1 EL Waldhonig, 2 EL Weißweinessig
2 EL geröstete Kürbiskerne, frische Petersilie

- Den Kürbis schälen, entkernen und das Fleisch in Würfel schneiden. In 20 g Fett andünsten, dann mit Salz, Pfeffer und den zerstoßenen Korianderkörnern bestreuen.
- Den Lauch schräg in Stücke schneiden, diese gründlichst

waschen und gut abtropfen lassen. Zusammen mit den ebenfalls geputzten, gewaschenen sowie in Scheiben geschnittenen Champignons im restlichen Fett andünsten.

- Mit dem Kürbis mischen, den Wein angießen und ca. 10 – 15 Minuten weitergaren, bis der Kürbis gar, aber noch leicht bissfest ist.
- Mit Honig und Weinessig abschmecken, dann mit gehackter Petersilie und 2 Esslöffeln Kürbiskernen bestreuen.

Tipp:

Das Kürbisgemüse passt sehr gut zu gebratenem oder gegrilltem Fleisch vom Rind, Schwein oder Lamm.

KÜRBIS MIT SPINAT „ASIATISCHE ART"

*5 – 6 EL Öl, 1 große Gemüsezwiebel, in Scheiben
400 g Kürbisfleisch, in feinen Scheiben (würfelgroß)
3 TL süße Sojasauce (Ketjap Manis), 2 TL Sojasauce
1 – 2 Knoblauchzehen, 1/2 TL Cayenne-Pfeffer
1 TL Currypulver, etwas weißer Pfeffer, 1/4 l Kokosmilch, 200 g frischer, bereits vorbereiteter Blattspinat
3 TL Zitronensaft, Salz bei Bedarf*

- Das Öl in einer großen, weiten Pfanne erhitzen, die Zwiebelscheiben darin glasig dünsten, dann die Kürbisstückchen dazugeben und mitbraten, bis sie leicht angebräunt sind.
- Sojasaucen, Gewürze sowie Kokosmilch einrühren, einmal aufkochen, dann auf niedriger Stufe ca. 15 - 20 Minuten köcheln lassen.
- Den bereits vorbereiteten, gewaschenen Blattspinat in feine Streifen schneiden, zum Kürbis geben und für kurze Zeit – ca. 3 – 4 Minuten – mitkochen lassen.
- Die Pfanne von der Kochstelle nehmen, das Gericht abschmecken, bei Bedarf mit Salz würzen und mit Zitronensaft abrunden.

Tipp:
Zu diesem sehr raffinierten Gemüsegericht passt am besten ein duftiger Basmati-Reis.

LINSEN-KÜRBISGEMÜSE

*2 kleine Zwiebeln, 1 Knoblauchzehe, etwas Öl
400 g Kürbisfleisch (vorbereitet)
ca. 125 g rote Linsen, ca. 1/2 l Hühnerbrühe
100 g Crème fraîche, 2 EL Weinessig
Salz, weißer Pfeffer, 1 Prise Cayennepfeffer
frischer Schnittlauch nach Belieben
ca. 100 g magerer, durchwachsener Speck*

Zwiebeln und Knoblauch schälen, fein hacken, dann in heißem Öl glasig dünsten. Das vorbereitete Kürbisfleisch dazugeben, mitdünsten, die Linsen dazugeben und mit der Hühnerbrühe ablöschen.

Gut zugedeckt aufkochen lassen, dann die Kochstelle herunterschalten und bei niedriger Stufe ca. 30 Minuten garen. Danach sollten Kürbis und Linsen gar sein, ansonsten noch etwas verlängern, jedoch gelegentlich umrühren.

Zuletzt Crème fraîche, Essig sowie Gewürze unterziehen und das Gericht damit pikant abschmecken.

Kurz vor dem Servieren nach Belieben mit frisch gehacktem Schnittlauch bestreuen und mit knusprig ausgebratenen Speckwürfeln abrunden.

Tipp:
Zum Linsen-Kürbisgemüse passen gekochte Kartoffeln (Erdäpfel), aber auch Nudeln.

KÜRBIS-ZUCCHINIGRATIN

500 g Kürbisfleisch (vorbereitet gewogen)
ca. 1/4 l Cidre oder Apfelsaft
3 Scheiben frischer Ingwer, 2 mittlere Zucchini
30 g Butter, Zitronenpfeffer, Salz, weißer Pfeffer
200 g Crème fraîche, 4 Eigelb (Eidotter)

Das vorbereitete Kürbisfleisch in möglichst 1 cm dicke Scheiben schneiden. Den Cidre oder Apfelsaft zusammen mit dem Ingwer und etwas Salz erhitzen, dann die Kürbisscheiben darin bissfest garen.

Die gewaschenen, in Scheiben geschnittenen Zucchinis für kurze Zeit mitdünsten.

Eine größere, backofenfeste Form dünn ausfetten, das abgegossene Gemüse einfüllen, kräftig würzen.

Den Backofen auf 220 – 240°C vorheizen.

Crème fraîche und Eigelb verrühren, über das Gemüse in die Form geben und im unteren Drittel des heißen Backofens in ca. 10 – 15 Minuten goldgelb gratinieren.

RAFFINIERTE KÜRBIS-ZUCCHINI-MEDAILLONS MIT KÄSE

400 g Zucchini, 1 große Zwiebel, 3 Eier
1/2 EL geh. Dill, 150 g mehliges Kürbisfleisch
20 g weiche Butter, 2 – 3 EL Mehl
2 EL Stärkemehl, 60 ml saure Sahne (Rahm)
1 Prise scharfes Currypulver
1/2 TL edelsüßes Paprikapulver, Salz, weißer Pfeffer
etwas frisch ger. Muskatnuss, 50 g ger. Emmentaler
Butterschmalz oder Öl zum Ausbacken
1 Becher Magermilchjoghurt, 1 Knoblauchzehe, Salz
2 – 3 Fleischtomaten

KÜRBIS-MÖHREN-AUFLAUF

2 kleine Zwiebeln, 1 Knoblauchzehe
1 Bund Lauchzwiebeln
250 g Karotten (gelbe Rüben), 500 g Lauch
1 ganzer Kürbis mit ca. 1 kg Gewicht
(600 g Fruchtfleisch)
3 EL Sonnenblumenöl, 100 g Sonnenblumenkerne
Salz, schwarzer Pfeffer, Gemüsebrühe, Ingwerpulver
100 g Emmentaler-Käse, 4 Eier
200 ml Sahne (Obers), Butter für die Form

Die Zwiebeln und den Knoblauch schälen, dann fein würfeln. Die Lauchzwiebeln waschen, in feine Ringe schneiden. Die Karotten schälen, ebenfalls waschen und in 1/2 cm breite Stücke schneiden. Den Lauch putzen, in Scheiben teilen, dann gründlich waschen.

Den Kürbis in Stücke zerteilen, schälen, das faserige Innere sowie die Kerne entfernen und das feste Fruchtfleisch würfeln.

In einem großen Topf das Öl erhitzen, Zwiebel und Knoblauch darin kurz anbraten, dann die Karotten dazugeben und bei milder Hitze einige Minuten dünsten. Lauch sowie Kürbis dazugeben, weitergaren und gelegentlich umrühren. Dabei einen Deckel auflegen.

Inzwischen die Sonnenblumenkerne in einer beschichteten Pfanne goldgelb rösten.

Das Gemüse pikant würzen, eine Garprobe machen, dann bei Bedarf weiterdünsten, danach die Hälfte der Sonnenblumenkerne unterrühren. Die Gemüsemischung in eine größere, gefettete Auflaufform geben, mit geriebenem Käse bestreuen.

Die Eier mit der Sahne verquirlen, mit Salz sowie Pfeffer würzen und über das Gemüse in die Form gießen.

(Fortsetzung Seite 32)

Die restlichen Sonnenblumenkerne aufstreuen, dann den Auflauf im auf 190 – 210°C vorgeheizten Backofen (unteres Drittel) ca. 20 Minuten goldbraun backen, bis die Eiermilch gestockt und der Käsebelag knusprig geworden ist.

Tipp:

Zu diesem Gericht servieren Sie am besten Bratkartoffeln (gebratene Erdäpfel) oder Butter-Nudeln.

Interessant für Sie: Frischer, angeschnittener Kürbis lässt sich – in Klarsichtfolie eingepackt – ca. 3 Tage im Gemüsefach des Kühlschranks aufbewahren.
Sie können vorbereitetes Kürbisfleisch – in Würfeln, Scheiben oder grob geraspelt – auch jederzeit einfrieren und dann bequem für verschiedenste Gerichte einsetzen. Besonders harte Kürbis-Sorten kurz blanchieren.

KÜRBIS-KERNÖL-MARINADE FÜR KÖSTLICHE SALATE

2 – 3 EL Essig z.B. Weinessig, Obstessig oder Aceto Balsamico, 2 – 3 EL Wasser, 1/2 TL Senf Salz, gem. weißer Pfeffer, 1 Prise Zucker 4 – 6 EL Kürbiskernöl, z.B. aus der Steiermark 1 kleine Zwiebel und 1 Knoblauchzehe nach Belieben

▶ Essig, Wasser und Gewürze gleichmäßig miteinander verrühren, dann abschmecken. Mit Hilfe eines Schneebesens das Öl unterrühren. Nach Belieben feingehackte Zwiebel und frisch gepressten Knoblauch dazugeben.

Variationen:

Kräutermarinade:
2 EL zerkleinerte Kräuter, z.B. Schnittlauch, Petersilie oder Dill dazugeben

Zitronenmarinade:
Zitronensaft anstelle von Essig einsetzen

Speck-Marinade:
125 g mageren, durchwachsenen Speck in Würfel schneiden, in einer Pfanne knusprig ausbraten und zur Marinade geben. Dann die Ölmenge reduzieren.

Weinmarinade:
Anstelle des Wassers einen guten, trockenen Rot- oder Weißwein zur Marinade geben.

Interessant für Sie: Öl ist der wichtigste Bestandteil vieler Salatsaucen. Kürbiskernöl ist gesund, hat einen besonderen Geschmack und eine attraktive, dunkelgrüne Farbe. Allerdings können Licht und Temperatur die kostbaren Inhaltsstoffe angreifen. Daher ist es besser, dieses wertvolle Öl kühl und trocken aufzubewahren. Es sollte stets kalt verwendet werden, d.h. angemachte Saucen oder Salate nicht der Sonne aussetzen, sonst wird das Kernöl bitter.

EINFACHES KÜRBISGEMÜSE

750 g Kürbis, ca. 1 TL Salz
1 größere Zwiebel, 60 g Butter
1 TL edelsüßes Paprikapulver
2 – 3 EL Apfel- oder Weinessig, 1/2 TL gem. Kümmel
1 1/2 EL Stärkemehl, etwas kaltes Wasser
knapp 1/8 l Sauerrahm

- Den Kürbis schälen, entkernen, in feine Streifen schneidern, salzen und ca. 10 Minuten lang durchziehen lassen.
- Die Zwiebel ebenfalls schälen, würfeln und in heißer Butter anrösten. Das Paprikapulver darüberstreuen, dann mit Essig ablöschen. Den Kürbis abseihen und unterheben. Mit Kümmel würzen, dann zugedeckt ca. 15 – 20 Minuten auf niedriger Stufe gardünsten.
- In kaltem Wasser angerührtes Stärkemehl unterziehen, etwas erhitzen, bis die Masse andickt, dann den Sauerrahm unterziehen und das Gemüse servieren.

Interessant für Sie: Eines der größten Anbaugebiete für Kürbisse liegt in der Steiermark. Die köstlichen Feldfrüchte werden in den entlegeneren Regionen heute wie früher als „Kaiserrüben" bezeichnet. Das Fruchtfleisch wird verarbeitet, aus den Kernen jedoch gewinnt man das kostbare Öl, das eine besondere steirische Spezialität darstellt.

STEAKS MIT KARAMELISIERTEM KÜRBIS

800 g Kürbis, 1 große Gemüsezwiebel
2 – 3 EL Butterschmalz, 3 EL feinster Zucker
4 – 5 EL Soja-Sauce z.B. von Kikkoman
4 Hüftsteaks à 200 g, frisch gem. Pfeffer
1 Zweig frische Minze, Salz

- Den Kürbis schälen, die Kerne und das faserige Innere entfernen. Nun das Fruchtfleisch in größere Würfel schneiden. Die Zwiebel ebenfalls schälen, dann grob hacken.
- Beide Gemüsezutaten in heißem Butterschmalz kräftig anbraten, mit Zucker bestreuen und karamelisieren lassen. Soja-Sauce sowie Wasser zugießen, damit bei Garende die Flüssigkeit sirupartig eingekocht ist.
- Die Steaks kurz kalt abspülen, mit Küchenpapier trockentupfen, dann pfeffern, braten und erst kurz vor dem Servieren salzen.
- Das Kürbisgemüse mit der in feine Streifen geschnittenen Minze bestreuen, dann das Gericht servieren.

Tipp:

Zu den Steaks mit karamelisiertem Kürbis servieren Sie frisches Weißbrot oder Ofenkartoffeln mit Sauerrahm. Hierzu 8 mittelgroße Kartoffeln (Erdäpfel) waschen, mehrfach einstechen, in Alufolie einwickeln und bei 200°C in 45 – 55 Minuten im unteren Drittel des Backofens garen.

REHRÜCKEN AUF KÜRBISGEMÜSE

50 ml Soja-Sauce z.B. von Kikkoman
1 EL Honig, 150 ml Rehfond, 50 g Butter
1 kleiner Kürbis (ca. 600 g) z.B. ein Hokkaidokürbis
Salz, weißer Pfeffer, 1 Prise Zucker
500 g Spaghetti oder Linguine, etwas Olivenöl
100 ml süße Sahne (Obers), 400 – 500 g Rehrücken
2 – 3 Chilischoten, Basilikumblätter, Öl

Die Soja-Sauce zusammen mit dem Honig in einem Topf erhitzen, den Rehfond dazugeben und auf niedriger Stufe reduzieren, zuletzt ca. 20 g kalte Butter in Flöckchen dazugeben und die Sauce nach Belieben etwas abbinden. Beiseite stellen.

- Den Kürbis waschen, schälen und in Dreiecke schneiden. Die Kerne entfernen. Die Fruchtfleischstücke mit Salz, Pfeffer sowie Zucker würzen, dann mit der restlichen Butter in einem weiten Topf weichdünsten.
- Reichlich gesalzenes, mit einigen Tropfen Öl versetztes Wasser zum Kochen bringen und die Nudeln darin „al dente" garen, dann abgießen und in mit etwas Salz abgeschmeckter Sahne schwenken.
- Das Rehfilet waschen, bei Bedarf häuten, mit Pfeffer einreiben, in einer Pfanne kräftig anbraten, dann für 7 – 8 Minuten in den auf 200°C vorgeheizten Backofen geben. Herausnehmen, in Alufolie einwickeln und einige Minuten ruhen lassen.
- Die Chilischoten in feine Streifen schneiden und in 1 EL Olivenöl anrösten. Anschließend die Basilikumblätter ebenfalls in heißem Öl ausbacken.
- Zum Anrichten alle Zutaten, auch die Sauce, erwärmen. Das Rehfilet in dünne Tranchen schneiden. Aus den Nudeln 12 lange, schmale Nocken drehen, je drei davon auf angewärmten Tellern anrichten, mit der Sauce umgießen, die Kürbistücke in die Mitte geben, die Fleischscheiben auflegen und die Teller beidseitig mit Chilistreifen sowie gebackenen Basilikumblättern garnieren.

KNUSPRIGE BACKOFEN-HÄHNCHENSCHENKEL AUF KÜRBISGEMÜSE

4 Hähnchenschenkel à ca. 180 – 200 g
Salz, Pfeffer, Currypulver, Cayennepfeffer,
edelsüßes Paprikapulver, 2 EL Sonnenblumenöl
500 g Kürbisfleisch, in Spalten, 300 g Zucchini
3 größere Zwiebeln, 2 Knoblauchzehen
60 – 70 g schwarze Oliven, ca. 100 ml Hühnerbrühe
etwas Öl

- Die Hähnchenschenkel kalt abspülen und mit Küchenpapier trockentupfen. Aus Salz, Pfeffer, Currypulver, Cayennepfeffer, Paprikapulver sowie Öl in einer kleinen Schale eine würzige Mischung anrühren. Die Hähnchenschenkel auf eine Platte legen, die Haut mehrfach einstechen, mit der Würzmischung bestreichen (Pinsel), mit Klarsichtfolie abdecken und ca. 1 1/2 Stunden im Kühlschrank durchziehen lassen.
- Eine größere, hitzebeständige Auflaufform mit Öl einfetten, die Kürbisspalten hineinlegen, gewaschene und in dicke Scheiben geschnittene Zucchini dazwischen verteilen, mit geschältem, gepresstem Knoblauch würzen, mit Salz sowie Pfeffer bestreuen, dann die Oliven dazugeben.
- Mit etwas Hühnerbrühe begießen.
- Den Backofen auf 200 – 220°C vorheizen.
- Die Hähnchenschenkel auf das Gemüse in die Form setzen und im unteren Drittel des Backofens einschieben.
- Etwa 50 Minuten braten, dann die Temperatur auf 250°C erhöhen und die Haut knusprig ausbraten oder den Grill einschalten. Unbedingt beobachten, damit die Oberseite des Geflügels nicht zu dunkel wird. Während der Bratzeit die restliche Hühnerbrühe zufügen.

Tipp:
Als Beilage eignen sich gekochte Kartoffeln (Erdäpfel) oder ein körniger Reis. Das Gemüse aus der Auflaufform wird in jedem Fall dazu gereicht.

SAFTIGES KÜRBIS-RINDS-RAGOUT

400 g Rindfleisch z.B. aus der Lende
800 g Kürbisfleisch, gewürfelt, 3 Zwiebeln
1 1/2 EL Mehl, 1/2 TL Ingwerpulver
1 – 2 EL Butterschmalz, 10 grüne Pfefferkörner
ca. 200 ml Hühnerbrühe, Salz, weißer Pfeffer
1 Prise Cayennepfeffer, Saft einer halben Zitrone
125 g Sauerrahm

- Das Fleisch kurz kalt abspülen, mit Küchenpapier trockentupfen, dann würfeln.
- Mehl mit Ingwer mischen und die Kürbiswürfel damit bestreuen.
- Die Zwiebeln schälen, in feine Ringe schneiden oder würfeln.
- Das Butterschmalz in einer weiten Pfanne z.B. aus Email erhitzen, die Fleischwürfel darin kräftig anbraten, herausheben und beiseite stellen.
- Kürbis und Zwiebel im Bratensaft unter ständigem Rühren ca. 10 Minuten dünsten, dann das Fleisch wieder dazugeben, würzen und mit Hühnerbrühe ablöschen.
- Einmal aufkochen lassen, dann auf niedriger Stufe ca. 30 Minuten garen.
- Zuletzt das Gericht mit Salz und Zitronensaft abrunden und den Sauerrahm unterziehen.

Tipp:
Zu diesem Gericht servieren Sie am besten einen duftigen Basmati-Reis.

GEFÜLLTE PATISSONS MIT LAMMHACKFLEISCH

8 gelbe oder grüne Mini-Patissons oder
4 mittelgroße Patissons, 2 vollreife Fleischtomaten
2 mittlere Zwiebeln, 2 Knoblauchzehen, 50 g Butter
250 g Lamm-Hackfleisch, Salz, weißer Pfeffer
1 TL Dijon-Senf, 1 Prise Cayennepfeffer
1Prise edelsüßes Paprikapulver
1 TL feine Kapern, 1 EL weiche Butter
etwas geriebener Käse, Rosmarinzweige als Garnitur

◗ Die Kürbisse in reichlich gesalzenem Wasser ca. 15 Minuten dünsten, herausnehmen, abtropfen und abkühlen lassen. Flache Deckel abschneiden, dann das Innere mit einem Löffel herauslösen.

◗ Die Tomaten heiß überbrühen, abziehen und würfeln.

◗ Zwiebeln sowie Knoblauch schälen, fein hacken, in heißem Fett glasig dünsten.

◗ Das Hackfleisch dazugeben und mitbraten, dann die Tomatenwürfel dazugeben. Nun die Fleischmischung mit Salz, Pfeffer, Senf, Cayennepfeffer, Paprikapulver sowie Kapern pikant abschmecken.

◗ Die Patissons innen mit Salz ausstreuen, dann die Fleischmasse einfüllen und in eine gefettete, backofengeeignete Form setzen.

◗ Den Backofen auf 200 – 220°C vorheizen.

◗ Das Gemüse mit weicher Butter bestreichen, mit Käse bestreuen, dann die Deckel aufsetzen und das Gericht für 30 – 40 Minuten in den Backofen geben.

◗ Kurz vor dem Servieren mit Rosmarin garnieren.

Tipp:

Als Beilage servieren Sie zu diesem Gericht beispielsweise Kartoffel (Erdäpfel)-Püree oder einen körnigen Reis. In Frankreich wird dazu gerne einfach nur frisches Stangenweißbrot gereicht.

LAMM-KÜRBIS-CURRY

750 g Kürbis, 2 mittlere Zwiebeln
1 grüne Paprikaschote, 500 g Lammfilet
1 Knoblauchzehe, 3 EL kaltgepresstes Olivenöl
ca. 350 ml Wasser, 3 EL gekörnte Rindsbrühe
1 Msp. Cayennepfeffer, 1 Prise Zimt, 1 Msp. edelsüßes Paprikapulver, 3 TL Currypulver, Salz

◗ Den Kürbis in Spalten teilen, schälen und das faserige Innere entfernen, dann das Fruchtfleisch würfeln.

◗ Die Zwiebeln schälen, fein hacken. Die Paprikaschote waschen, halbieren, von den Kernen und Rippen befreien, dann würfeln.

▶ Das Lammfilet bei Bedarf häuten, kurz kalt abspülen, mit Küchenpapier trockentupfen und in Würfel zerteilen. Die Knoblauchzehe schälen, dann in eine Presse geben.

▶ In einem größeren, weiten Topf das Öl erhitzen, Knoblauch hineinpressen und das Fleisch darin anbraten. Das Gemüse dazugeben, mitbraten. Mit Wasser ablöschen, die gekörnte Brühe unterziehen, würzen und zuletzt das Currypulver einrühren.

▶ Nun die Kochplatte herunterschalten und das Gericht bei niedriger Wärmezufuhr in ca. 45 Minuten garen, dabei gelegentlich umrühren und so die Flüssigkeit fast einkochen lassen.

Tipp:
Zum Lamm-Kürbis-Curry passt am besten ein duftiger Basmati-Reis, unter den Sie Wildreis mischen können oder Sie servieren frisches Weißbrot und einen Sprossensalat dazu.

LASAGNE MIT KÜRBIS-HACKFLEISCHFÜLLUNG

350 g Lasagne-Blätter
Füllung
1 größere Zwiebel, 2 – 3 EL Öl
300 g mageres Hackfleisch vom Rind (Faschiertes)
Salz, weißer Pfeffer, 1 Prise Cayennepfeffer
1 Prise Paprikapulver, 500 g vorgegarte Kürbiswürfel einer eher mehligen Sorte, 1 Knoblauchzehe
süße Sahne (Obers)
Béchamelsauce
40 g Butter, 2 EL Mehl, 1/2 l kalte Milch, etwas Wasser, 1/2 TL Salz, weißer Pfeffer, frisch ger. Muskat
Außerdem
50 g ger. Parmesan, 50 g ger. Emmentaler
Butter für die Form und zum Auflegen

- Die Lasagneblätter gemäß Packungsangabe in reichlich gesalzenem Wasser „al dente" (bissfest) kochen, in kaltem Wasser abschrecken und abtropfen lassen.
- Für die Füllung die Zwiebel schälen, fein hacken und in heißem Öl glasig dünsten. Das Hackfleisch dazugeben und kräftig mitbraten, dabei mit einer Gabel fein zerdrücken. Pikant würzen.
- Die Kürbiswürfel unterrühren, mit frisch gepresstem Knoblauch abrunden und zuletzt etwas Sahne unter die Masse rühren.
- Für die Béchamelsauce die Butter erhitzen, das gesiebte Mehl dazugeben und bei ausgeschalteter Kochstelle im Fett glasig rühren. Langsam die Milch dazugeben und mit einem Schneebesen kräftig rühren, bis die Sauce glatt ist. Würzen, einmal aufkochen, dann bei milder Hitze ca. 20 Minuten ziehen lassen. Dabei gelegentlich umrühren.
- Eine größere Auflaufform mit Butter einfetten.
- 1 Lage Lasagneblätter hineinlegen, darauf einen Teil der Kürbis-Hackfleischfüllung geben und mit etwas Béchamelsauce überziehen. So fortfahren, bis alle Zutaten aufgebraucht sind. Dabei sollten mindestens 3 Lagen entstehen.
- Auf der obersten Schicht geriebenen Käse, der vorher kurz durchgemischt wurde, verteilen. Butterflöckchen aufsetzen.
- Bei 190 – 210°C in 30 – 40 Minuten goldgelb zubereiten, dann noch ca. 5 Minuten im abgeschalteten Backofen ziehen lassen.

Tipp:

Die Lasagne schmeckt noch besser, wenn sie - bereits vorbereitet- einige Stunden im Kühlschrank durchziehen kann.

NUDELN MIT KÜRBIS-SPINAT-SAUCE

250 g Tiefkühl-Blattspinat oder
750 g frischer, blanchierter und gut ausgedrückter Spinat
1 große Zwiebel, 750 g Kürbisfleisch
4 – 5 EL Olivenöl
je 1 TL gem. Kreuzkümmel, gem. Kurkuma (Gelbwurz) und Ingwerpulver
2 TL gekörnte Gemüsebrühe, Salz, weißer Pfeffer
400 g Spiralnudeln, 50 g ger. Parmesan

- Bei Verwendung von tiefgefrorenem Spinat diesen zunächst auftauen lassen und gut ausdrücken. Frischen Spinat ebenso behandeln.

- Die Zwiebel schälen, zwei Drittel vom Kürbisfleisch und die Zwiebel grob würfeln, dann in einem weiten Topf in heißem Olivenöl anbraten, jedoch nicht braun werden lassen. Wasser angießen und die Mischung ca. 15 – 20 Minuten garen lassen, von der Kochstelle nehmen und mit einem Pürierstab fein pürieren, dabei evtl. noch etwas Wasser angießen.

- Das restliche Kürbisfleisch in ca. 1 cm große Würfel schneiden, den Spinat grob hacken, dann beides zum Kürbispüree geben. Die Sauce mit den Gewürzen, der Gemüsebrühe, Salz und Pfeffer gut abschmecken und ca. 15 Minuten garen, bis der Kürbis weich ist. Nochmals abschmecken.
- Während die Sauce kocht, die Nudeln in reichlich gesalzenem Wasser nach Packungsangabe „al dente“ (bissfest) garen, über einem Sieb abgießen, abtropfen lassen und mit der Sauce zu Tisch bringen.
- Den frisch geriebenen Parmesan separat dazu reichen.

Interessant für Sie: Kreuzkümmel, Kurkuma und Ingwer sind typische Gewürze aus der asiatischen Küche. Kreuzkümmel, auch Cumin genannt, hat ein frisch-aromatisches, leicht scharfes und etwas bitteres Aroma. Er war früher ein in Europa gebräuchliches Gewürz. Die kräftig färbende Kurkuma (Gelbwurz) ist bei uns nur in gemahlener Form erhältlich. Sie verleiht der Speise einen erdigen, leicht bitteren Geschmack.

NUDELTÄSCHCHEN MIT PIKANTER KÜRBIS-FÜLLUNG UND SALBEIBUTTER

Teig

300 g Mehl, 1 TL Salz, 3 Eier, 2 – 3 EL Olivenöl

Füllung

500 g gelber Kürbis, 2 Eier
60 g geriebener Bergkäse, 25 g gemahlene Mandeln
Salz, weißer Pfeffer, ger. Muskat
2 EL süße Sahne (Obers), 2 TL Zitronensaft
abger. Schale 1/2 unbehandelten Zitrone
60 g weiche Butter, Semmelbrösel nach Bedarf

Sauce

100 g Butter, Salbeiblätter

- Für den Nudelteig das Mehl auf eine glatte Arbeitsfläche sieben, in die Mitte eine Vertiefung eindrücken und die Eier hineingeben, salzen und das Öl darüberträufeln.
- Mit Hilfe einer Gabel die Eier mit Salz sowie Öl verquirlen, dabei stets etwas Mehl untermischen. Von Hand immer mehr Mehl einarbeiten und weiterkneten, bis eine Teigkugel entsteht. Dabei mit dem Handballen die Masse immer wieder fest zusammendrücken.
- Ist der Teig zu trocken, erneut Öl oder Wasser einarbeiten. Es dauert ca. 10 – 15 Minuten, bis der Teig glatt und elastisch ist.
- Mindestens 30 Minuten in ein feuchtes Tuch gewickelt ruhen lassen.
- Für die Füllung den Kürbis in Spalten schneiden, Innenteil und Kerne entfernen, dann das Fruchtfleisch von der Schale lösen und würfeln.
- Die Kürbisstücke in heißem Salzwasser ca. 10 – 12 Minuten blanchieren und bei 200°C im Backofen ca. 5 – 8 Minuten ausdämpfen lassen.
- Danach mit Eiern, geriebenem Käse, gemahlenen Mandeln, Gewürzen sowie Zitronensaft und –schale im Mixer pürieren. Zuletzt die weiche Butter einarbeiten und das Kürbispüree bei Bedarf mit Semmelbröseln abbinden.
- Den Teig mit einer Nudelwalze zu dünnen Teigbahnen ausrollen, darauf kleine Häufchen von der Füllung geben, die Ränder mit Wasser bestreichen, eine zweite Teigbahn darüber schlagen, gut andrücken und mit einem Teigrädchen ausradeln.

▶ In einem großen Topf reichlich gesalzenes Wasser zum Kochen bringen, die Teigtäschchen portionsweise in ca. 3 – 4 Minuten garen, dann mit einem Schaumlöffel herausheben und auf vorgewärmte Teller verteilen.

▶ Die Butter mit den Salbeiblättern erwärmen, leicht aufschlagen und über die Teigtaschen geben. Sofort servieren.

KÜRBIS-RISOTTO

500 g frisches Kürbisfleisch, 1 Zwiebel
60 g Butter oder Margarine
400 g Arborio-Reis (polierter Risotto-Rundkornreis, z.B. aus dem Reformhaus)
250 ml trockener Weißwein
1 l Gemüsebrühe frisch oder aus Extrakt
jodiertes Meersalz, schwarzer Pfeffer
4 EL geriebener Parmesan, 2 EL geröstete Kürbiskerne

▶ Das Kürbisfruchtfleisch und die geschälte Zwiebel fein würfeln, dann in einem weiten Topf in der Hälfte des Fettes andünsten.

▶ Den Reis dazugeben und mit Weißwein ablöschen. Unter beständigem Rühren den Reis garen, bis er glasig aussieht. Nun nach und nach die erhitzte Gemüsebrühe angießen, dabei immer wieder umrühren, bis der Reis gar ist. Das dauert ca. 30 Minuten.

▶ Mit Salz und Pfeffer würzen, dann den Topf von der Kochstelle nehmen und einige Minuten mit aufgelegtem Deckel durchziehen lassen.

▶ Restliches Fett und 4 EL geriebenen Käse unterziehen. Kurz vor dem Servieren mit leicht angerösteten Kürbiskernen bestreuen.

Tipp:
Neben einem knackigen Salat sollten Sie zu diesem raffinierten Risotto einen guten, wohltemperierten, italienischen

Wein servieren. Ein roter „Chianti Classico“ ist bestens geeignet, möchten sie jedoch lieber einen trockenen Weißen, so ist Wein aus dem Friaul empfehlenswert.

Interessant für Sie: Der typische, italienische Risotto-Reis stammt aus der Po-Ebene im Norden des Landes. Ursprünglich von den Spaniern eingeführt, ist er ein fester Bestandteil der italienischen Küche. Damit das Gericht bestens gelingt, ist die Wahl der Reissorte besonders wichtig.
Am besten eignet sich der „riso superfino“, der in 2 Sorten erhältlich ist. „Arborio“ (polierter Rundkornreis) und „Vialone“ (unpolierter Rundkornreis), letzterer gart außen weich und innen körnig.

ÜBERBACKENE KÜRBIS-FARFALLE

250 g Farfalle (Schmetterlingsnudeln)
750 g Kürbis, 1 Stange Lauch, geputzt, ca. 80 g Butter
1 1/2 EL Zitronensaft, 1 Knoblauchzehe, Salz, weißer Pfeffer, Cayennepfeffer, 125 ml süße Sahne (Obers)
100 g geriebener Gouda-Käse, 40 g Butter

▶ Die Farfalle in reichlich gesalzenem Wasser „al dente" (bissfest) garen, abgießen. Den Kürbis schälen, die Kerne entfernen, dann das Fruchtfleisch würfeln. Die Stücke zusammen mit der Butter in einen weiten Kochtopf geben und bei schwacher Hitze ca. 15 Minuten dünsten, bis der Kürbis weich ist. Nach 10 Minuten den Lauch dazugeben.

▶ Mit Salz, Pfeffer und Zitronensaft kräftig abschmecken, dann die Farfalle untermischen und alles zusammen in eine große, gefettete und backofenfeste Auflaufform geben.

▶ Den Knoblauch schälen, fein hacken und untermischen. Salz, Pfeffer, Cayennepfeffer sowie Sahne verquirlen und über das Gericht verteilen.

▶ Zuletzt mit Käse bestreuen und Butterflöckchen aufsetzen, dann bei 210 – 230°C in der Mitte des vorgeheizten Backofens in ca. 15 – 20 Minuten goldbraun-knusprig gratinieren.

Tipp:

Zu diesem Gericht reichen Sie am besten einen Eisbergsalat.

KÜRBISKERN-SEMMELN

Teig
500 g Roggenmehl, 50 g Sauerteig, ca. 1/4 l Wasser
10 g Hefe (Germ), 2 TL Salz
2 TL fein gem. Koriander, 1 EL Kürbiskern-Öl
80 g Kürbiskerne, grob gehackt
Belag
1 Eigelb (Eidotter), 2 EL süße Sahne (Obers)
ca. 50 g Kürbiskerne

- Die Hälfte des Roggenmehls in eine Rührschüssel geben. Den Sauerteig mit Wasser verrühren und mit der zerbröckelten Hefe gleichmäßig unter das Mehl mischen.
- Den so angesetzten Vorteig an einem warmen Ort mehrere Stunden stehen lassen.
- Salz, Koriander, Öl, gehackte Kürbiskerne sowie das restliche Mehl unter den Vorteig mischen.
- Mit dem Elektroquirl mit Knetern oder in der Küchenmaschine durchkneten, bis der Teig Blasen wirft, bei Bedarf noch etwas Wasser zugeben.
- Nun ca. 50 g schwere Stücke abwiegen, diese zu gleichmäßigen Kugeln formen und auf ein mit Mehl bestäubtes Backblech geben.
- Eigelb mit Sahne verquirlen. Die Teigstücke mit Hilfe eines scharfen Messers mittig einritzen, mit der Eigelbsahne bestreichen, dann mit Kürbiskernen bestreuen.
- Den Backofen auf 210 – 230°C vorheizen, das Backblech im mittleren Drittel einsetzen und die Semmeln in ca. 25 – 35 Minuten backen.

SÜßE KÜRBIS-KRAPFEN

Früchte
ca. 400 g fruchtiges Kürbisfleisch, 2 EL Honig
Saft 1 Zitrone, etwas Zimtpulver
2 EL Cognac oder Rum
Backteig
175 g Mehl, 1 Msp. Salz, 75 g Zucker
2 Eigelb (Eidotter), 1 EL Öl
1/4 l helles Bier oder Apfelsaft, 2 Eiweiß (Eiklar)
Außerdem
600 – 700 g Butterschmalz zum Ausbacken
ca. 75 g Mehl zum Wenden, Küchenpapier
Puderzucker (Staubzucker) zum Bestreuen

- Das Kürbisfleisch in größere Würfel schneiden. In einem weiten Topf mit Dämpfeinsatz über heißem Wasser ca. 5 – 8 Minuten lang dünsten. Die Kürbiswürfel sollten dann noch „knackig" sein.
- In eine Schüssel geben, ausdampfen lassen. Honig, Zitronensaft, Zimt sowie Cognac oder Rum verrühren und die Kürbiswürfel damit übergießen, durchmischen, dann an einem kühlen Ort ca. 2 Stunden durchziehen lassen.
- Für den Ausbackteig Mehl mit Salz, Zucker, Eigelb, Öl und Bier oder Apfelsaft verrühren. Etwa 30 Minuten lang zum Ausquellen stehen lassen. Kurz vor der Verwendung steif geschlagenen Eischnee unterheben.
- Die Kürbiswürfel abtropfen lassen, dann in Mehl wenden.
- Das Butterschmalz in einem weiten Topf erhitzen.
- Die Kürbisstücke durch den Ausbackteig ziehen, in das heiße Fett gleiten lassen und ca. 2 1/2 - 4 Minuten goldgelb ausbacken.
- Mit einem Schaumlöffel herausheben, auf Küchenpapier abtropfen lassen, dann mit reichlich Puderzucker bestäubt servieren.

Tipp:

Zum Ausbacken der Krapfen sollten Sie einen weiten Topf

auswählen, der sich ca. 10 cm hoch mit dem Fett auffüllen lässt. Das Gebäck sollte darin „schwimmen" können. Auch die Backtemperatur ist entscheidend für ein gutes Ergebnis. Am besten ist es, wenn Sie bei ca. 175°C liegt. Zum Prüfen legen Sie ein Teigstückchen ein. Bilden sich Bläschen, so ist die Temperatur richtig. Nicht zu viel Backgut auf einmal in das heiße Fett geben. Zu den Krapfen servieren Sie am besten eine raffinierte Fruchtsauce. Das passende Rezept finden Sie auf der Seite 61.

KÜRBIS-APFELKUCHEN VOM BLECH

Teig
1 Ei, 200 g Magerquark (Topfen), 50 g Zucker
1 Prise Salz, 3 EL Pflanzenöl, z.B. von Becel
300 g Mehl, 2 TL Backpulver
Belag
750 g Kürbis z.B. Hokkaido, 750 g Äpfel
ca. 500 ml Apfelsaft, 100 g Zucker, 1 Stange Zimt
Saft und Schale 1 unbehandelten Zitrone, 2 P. Vanille-Puddingpulver, 200 g Crème fraîche oder Becel Crema
2 – 3 EL geh. Pistazien, Mehl zum Ausrollen

◗ Für den Teig das Ei mit 50 ml lauwarmem Wasser verrühren und 5 Minuten stehen lassen. In eine Rührschüssel geben, Quark, Zucker, Salz sowie Öl zufügen und mit dem Elektroquirl verrühren.

◗ Mehl mit Backpulver mischen, dann unter die Quarkmasse geben. Alles zu einem glatten, geschmeidigen Teig verkneten. In Folie wickeln. 1 Stunde bei Zimmertemperatur ruhen lassen.

◗ Für den Belag den Kürbis schälen, entkernen und in dünne Spalten schneiden. Apfelsaft mit Zucker, Zimtstange, Zitronensaft und –schale aufkochen, dann die Kürbisscheiben darin einige Minuten lang garen.

◗ Auf ein Sieb gießen und den Saft auffangen.

◗ Den Teig auf bemehlter Arbeitsfläche in Backblechgröße ausrollen, auf ein mit Backpapier ausgelegtes oder gut eingefettetes Backblech geben und einen schmalen Rand hochdrücken. Den Teigboden mehrfach mit einer Gabel einstechen.

◗ Die Äpfel schälen, vierteln, vom Kerngehäuse befreien und in Spalten schneiden. Mit dem Apfelsud beträufeln, dann abwechselnd mit den Kürbisspalten auf den Teig verteilen.

◗ Den restlichen Saft evtl. mit Wasser auf 500 ml auffüllen,

aufkochen.

- Das Puddingpulver in wenig Wasser anrühren und die kochende Flüssigkeit damit binden, dann etwas abkühlen lassen.
- Crème fraîche oder Becel Crema unter die Puddingmasse rühren, diese dann auf den Früchten glattstreichen.
- Den Backofen auf 190 – 210°C vorheizen, den Kuchen im unteren Drittel einsetzen und in 30 – 40 Minuten backen.
- Abgekühlt mit gehackten Pistazien bestreuen und in Stücke schneiden.

Tipp:

Im Herbst können Sie anstelle der Äpfel auch Birnen verwenden, die jedoch wie die Kürbisspalten zunächst vorgegart werden müssen.

KÜRBISKERNBROT

350 g Weizenmehl z.B. Type 1050
150 g Roggenmehl z.B. Type 1150, 2 gestr. TL Salz
1 Pa. Trocken-Backhefe (Germ), 80 g Sauerteig
ca. 350 – 400 ml lauwarmes Wasser
3 – 4 EL Kürbiskern- oder Sonnenblumenöl
150 g geröstete Kürbiskerne
50 g Haferflocken

- Die beiden Mehlsorten mit dem Salz sowie der Trocken-Backhefe in einer Rührschüssel mischen.
- Den Sauerteig hinzufügen, dann erst ca. 350 ml lauwarmes Wasser sowie das Öl angießen.
- Alles mit dem Elektroquirl mit Knetern oder in der Küchenmaschine zu einem glatten Teig verarbeiten. Sollte dieser zu fest sein, das restliche Wasser nach und nach dazugeben. Die Knetdauer kann bis zu 8 Minuten betragen.
- 125 g Kürbiskerne und die Haferflocken gegen Ende der Teigbereitung unterkneten.
- Den Teig gut zugedeckt an einem warmen Ort gehen lassen, bis er sein Volumen deutlich vergrößert hat. Das dauert ca. 40 – 50 Minuten, dann von Hand nochmals gut durcharbeiten.
- Daraus einen länglichen Brotlaib formen, diesen auf ein gefettetes Backblech oder in eine große Kastenbrotform geben. An der Oberseite mit Wasser bestreichen und mit den restlichen Kürbiskernen bestreuen.
- Nochmals gehen lassen, inzwischen den Backofen auf 180 – 200°C vorheizen. Das Brot in ca. 45 Minuten im unteren Drittel des Ofens goldbraun abbacken, herausnehmen und auf einem Gitterrost auskühlen lassen.

Tipp:

Den Sauerteig kaufen Sie am einfachsten im Reformhaus, dort finden Sie auch qualitativ hochwertiges Kürbiskernöl und ebenso die köstlichen Kerne.

MOUSSE AUS KÜRBISPÜREE MIT GRAND MARNIER

250 g Kürbispüree (s. Seite 72)
3 Eigelb (Eidotter), 80 g Zucker
3 Blatt weiße Gelatine, 2 – 4 cl Grand Marnier
1/4 l süße Sahne (Obers), 1 – 2 EL Zucker

- Eigelb und Zucker in eine Rührschüssel geben. Mit dem Elektroquirl einige Minuten lang rühren, bis der Zucker sich gelöst hat und die Masse sehr cremig ist.
- Die Gelatine ca. 5 Minuten lang in kaltem Wasser einweichen. In der Zwischenzeit das Kürbispüree langsam erwärmen, dann den Topf von der Kochstelle nehmen und die gut ausgedrückte Gelatine gleichmäßig unterrühren. Etwas ziehen lassen, dann die Mischung zur Eimasse geben und mit einem Schneebesen kalt schlagen.
- Mit Grand Marnier abrunden. Nun die Sahne halbsteif

schlagen, den Zucker einrieseln lassen und weiterschlagen, ebenfalls unterziehen, dann die Creme in eine Schüssel füllen und mindestens 8 – 10 Stunden an einem kühlen Ort durchziehen lassen.

- Zum Servieren mit einem kalt abgespülten Esslöffel große Nocken abstechen, diese auf Serviertellern anrichten und das Kürbismousse mit einer Fruchtsauce garnieren.

Tipp:
Für die Fruchtsauce verwenden sie 200 g beliebige Früchte, z.B. Kiwi, Erdbeeren oder Himbeeren, vollreife Birnen oder Pfirsiche, die zusammen mit 2 – 3 EL Puderzucker (Staubzucker) und dem Saft 1/2 Zitrone im Mixer auf höchster Stufe püriert werden.

HERZHAFTER KÜRBISSTRUDEL MIT MANDELN

Strudelteig
250 g Mehl, 1 Prise Salz, 20 – 30 g zerlassene Butter oder Margarine bzw. 2 – 3 EL Öl, 1 Ei
ca. 100 ml lauwarmes Wasser
etwas Butter oder Öl zum Bestreichen

Füllung
1 kg Kürbis, Hokkaido- oder Muskatkürbis
2 Knoblauchzehen, 1 Rosmarinzweig
100 gestiftelte californische Mandeln, 100 g Butter
3 – 4 EL Rosinen, Salz, gem. weißer Pfeffer
etwas edelsüßes Paprikapulver, 300 g Ricotta-Käse
100 g gemahlene californische Mandeln
100 g saure Sahne (Rahm)

- Für den Strudelteig das Mehl in eine Schüssel sieben, in die Mitte eine Mulde eindrücken; Salz, Fett und das verquirlte Ei hinzufügen. Das Wasser gleichmäßig darüber verteilen. Mit dem Knethaken des elektrischen Handrührgerätes zu-

nächst auf kleiner Stufe mischen, dann bei höchster Einstellung so lange kneten, bis ein glatter und geschmeidiger Teig entstanden ist, der sich gut vom Schüsselrand löst. Von Hand weiterkneten, bis er glänzt. Nun daraus eine Kugel formen, diese mit etwas Fett bestreichen, zudecken und mindestens 30 Minuten lang ruhen lassen.

- Inzwischen die Füllung vorbereiten. Hierzu den Kürbis schälen und das faserige Innere entfernen, dann das Fruchtfleisch grob raspeln.
- Die Knoblauchzehen ebenfalls schälen und fein hacken. Die Rosmarinnadeln abzupfen und zerkleinern. Knoblauch, Rosmarin und Mandelstifte mit der Hälfte der Butter anbraten, dann Kürbisfleisch und Rosinen dazugeben. Mit Salz, Pfeffer sowie Paprikapulver würzen und bei mittlerer Hitze ca. 8 Minuten dünsten. Von der Kochstelle nehmen, auf einer Servierplatte ausbreiten und abkühlen lassen.
- Den Ricotta grob zerkleinern, untermischen.
- Den Backofen auf 190 – 210°C vorheizen.
- Ein großes Tuch mit Mehl bestreuen, den Strudelteig darauf ca. 1/2 cm dick ausrollen und mit einem Nudelholz weiter dünn in alle Richtungen ausrollen, dann von Hand dünn ausziehen. Der Strudelteig sollte dann hauchdünn sein. Dicke Teigenden wegschneiden.
- Den Teig mit der restlichen geschmolzenen Butter bestreichen. Auf einem Drittel der Teigfläche die gemahlenen Mandeln ausstreuen, darauf die Kürbis-Ricottafüllung geben, zuletzt die saure Sahne darüber verteilen.
- Zum Einrollen die Teigränder einschlagen, dann das Tuch hochheben und den Strudel gegen die freie Teigseite hin einrollen.
- Mit der Nahtseite nach unten auf ein gut gefettetes oder mit Backpapier ausgelegtes Backblech geben.
- In das vorgeheizte Backrohr geben und in ca. 30 – 40 Minuten goldbraun backen.
- Zwischendurch zwei- bis dreimal mit Butter oder Öl bestreichen.
- Am besten lauwarm servieren.

SAFTIGER KÜRBISKUCHEN MIT COGNACROSINEN

5 Eiweiß (Eiklar), 100 g feiner Zucker
1 – 2 TL Zitronensaft, 250 g Kürbisfleisch
5 Eigelb (Eidotter), 100 g Zucker oder Honig
1 Pa. Bourbon-Vanillezucker
1 Prise Salz, 1/2 TL Zimtpulver, 2 EL Cognac
100 g gem. Kürbiskerne, 100 g gem. Haselnüsse
100 g Semmelbrösel, 1 TL Backpulver, 80 – 100 g Mehl
50 g Rosinen (Weinbeeren) in 4 EL Cognac eingelegt
1 TL Butter und
1 – 2 EL Semmelbrösel für die Backform
Puderzucker (Staubzucker) zum Bestäuben

- Das Eiweiß in einer größeren Rührschüssel unter Verwendung des Elektroquirls mit Schlägern oder der Küchenmaschine halbsteif schlagen, den Zucker nach und nach einrieseln lassen, den Zitronensaft zugeben und weiterrühren, bis die Masse sehr schön fest geworden ist.
- Das Kürbisfleisch auf einer Rohkostreibe fein reiben.
- Eigelb mit Zucker oder Honig, Bourbon-Vanillezucker, Salz sowie Zimt sehr schaumig rühren. Dann Cognac, gemahlene Kürbiskerne und Haselnüsse, Semmelbrösel sowie Backpulver und gesiebtes Mehl dazugeben. Gut verrühren.
- Die feinen Kürbisstifte sowie 1/3 des Eischnees unterrühren, die abgetropften Weinbeeren dazugeben, dann den restlichen Eischnee vorsichtig mit einem Schneebesen locker unterziehen (nicht rühren!).
- Eine Springform - Ø 26 cm - mit Butter ausfetten und mit Semmelbröseln ausstreuen, die Teigmasse einfüllen, dann im unteren Drittel des vorgeheizten Backofens bei 170 – 190°C in 55 – 65 Minuten goldbraun backen.
- Nach Ablauf der Backzeit den Kuchen in der Form ausdampfen lassen, vorsichtig heraus-

ösen, auf ein Kuchengitter ge-
ben und auskühlen lassen. Erst
kurz vor dem Servieren deko-
rativ mit Puderzucker garnieren.

KÜRBIS-MUFFINS

150 g weiche Butter, 150 g brauner Zucker
2 Eier, 200 g Vollkornmehl, 150 g gemahlene Mandeln
1/2 TL Backpulver, 1/2 Pa. Vanillezucker,
1 TL gem. Zimt
abgeriebene Schale 1 unbehandelten Zitrone
200 g fruchtiges Kürbisfleisch in kleinen
Stückchen, vorgegart
Puderzucker (Staubzucker) nach Belieben

▸ Butter mit Zucker in eine ho-
1e Rührschüssel geben und nit dem Elektroquirl so lange 'errühren, bis eine weiß-cre-nige Masse entsteht und der 'ucker nahezu vollständig ge-chmolzen ist. Das dauert ca. ; – 7 Minuten.

▸ Nun die verquirlten Eier da-:ugeben und unterrühren.

▸ Die restlichen Zutaten –ohne

die Kürbisstücke- in einer separaten Schüssel mischen, zur Butter-Zuckermischung geben und vorsichtig unterheben, dann gleichmäßig unterrühren.

▸ Zuletzt die kleinen Kürbisstückchen dazugeben, untermischen und den Teig in vorbereitete Backförmchen aus Papier füllen.

▸ Diese gleichmäßig auf ein Backblech setzen oder in eine Muffinsform geben.

▸ Bei 170 – 190°C im vorgeheizten Backofen in ca. 25 – 30 Minuten backen. Kurz vor Ende der Backzeit prüfen, ob das Gebäck gleichmäßig durchgebacken ist und ggf. die Zeit einige Minuten verlängern.

▸ Nach Belieben mit Puderzucker bestäuben.

Tipp:

Die Teigmenge ergibt ca. 12 Muffins.

Manche Papierförmchen sind sehr dünn. Damit sie sich nicht allzu sehr ausdehnen, am besten 2 Förmchen ineinandergesetzt verwenden. Die gemahlenen Mandeln können Sie auch zur Hälfte durch gemahlene, kurz angeröstete Kürbiskerne ersetzen.

ROGGEN-KÜRBISBROT

350 g Roggenvollkornmehl, 200 g Weizenmehl
1 P. Trocken-Backhefe (Germ)
300 g Fruchtfleisch von einem reifen Kürbis
30 ml frischer Orangensaft
2 TL frische Dillspitzen
230 ml lauwarmes Wasser, 100 g Sauerteig
50 g Pinienkerne (Pignioli), 50 g Kürbiskerne
2 TL Meersalz, 1 TL Zucker
Fett und Mehl für das Backblech

◗ Das Kürbis-Fruchtfleisch in kleine Würfel schneiden, zusammen mit dem Orangensaft in einen Topf geben und unter beständigem Rühren ca. 8 – 10 Minuten dünsten. Mit Dill sowie Zucker würzen, dann weiter erhitzen, bis die Flüssigkeit vollständig verkocht ist. Zum Abkühlen auf eine flache Porzellanplatte geben.

◗ Roggen- mit Weizenmehl in eine größere Rührschüssel geben, die Trocken-Backhefe gleichmäßig darunter mischen. Lauwarmes Wasser, Sauerteig, die abgekühlten Kürbiswürfel und Salz hinzufügen.

◗ In der Küchenmaschine oder mit dem Elektroquirl zu einem geschmeidigen Teig verkneten. Je 40 g Pinien- sowie Kürbiskerne einarbeiten.

◗ Aus dem Teig einen längli chen Brotlaib formen, diese in einen bemehlten Brotkor geben und zugedeckt 60 – 7 Minuten gehen lassen.

◗ Das Backblech einfetten, mi Mehl bestäuben, den Teig vor sichtig aus dem Korb auf da Backblech stürzen, die Ober seite mit Wasser bestreiche und mit den restlichen Kerne bestreuen. Nochmals gehe lassen.

◗ Inzwischen den Backofen au 200 – 220°C vorheizen, da Brot einsetzen und 10 Minu ten bei dieser Temperatur an backen, dann auf 170 – 190° reduzieren und in ca. 50 Mi nuten fertig backen.

◗ Zuletzt auf einen Gitterros geben und vollständig auskühlen lassen.

STEIRISCHE POTITZE MIT KÜRBISKERNFÜLLE

Teig

40 g Hefe (Germ), 200 ml warme Milch, 75 g Zucker 500 g Mehl, 1 Prise Salz, 100 g weiche Butter, 1 Ei

Füllung

300 g Kürbiskerne, 60 g Zucker, 4 EL Honig ca. 1/8 l Milch, 1/2 TL Zimt, 2 – 3 EL Rum 4 – 5 EL Semmelbrösel, 1 Eigelb (Eidotter) und 1 – 2 EL warmes Wasser zum Bestreichen

- Die Hefe in die warme Milch bröckeln, etwas durchschlagen, 1 TL Zucker dazugeben und gut umrühren. Zugedeckt an einem warmen Ort 15 – 20 Minuten gehen lassen.
- In eine zweite Rührschüssel das gesiebte Mehl, Salz, den restlichen Zucker, weiche Butter und das Ei geben. Das Hefe-Milchgemisch hinzufügen und alles gut, am besten mit der Küchenmaschine, verkneten. Der Teig muss geschmeidig und weich sein. Nochmals 20 – 30 Minuten gehen lassen.
- Für die Füllung die Kürbiskerne fein vermahlen. Zucker, Honig und Milch langsam aufkochen, dabei beständig umrühren. Abkühlen lassen. Zimt, Rum, Semmelbrösel und Kürbiskerne dazugeben und gut vermischen. Sollte die Füllung zu fest sein, so geben Sie noch etwas kalte Milch hinzu.
- Den Hefeteig zu einem Rechteck von ca. 40 x 50 cm ausrollen. Die Füllung so darauf verstreichen, dass ringsum ein Rand von 1 – 2 cm frei bleibt. Aufrollen und an den Enden einschlagen. Die Teigrolle legt man dann in eine größere, gut gefettete Guglhupfform.
- Nochmals ca. 20 Minuten gehen lassen.
- Das Backrohr auf 160 – 180°C vorheizen.
- Die Potitze in 40 – 50 Minuten goldbraun abbacken.
- Kurz vor Ende der Backzeit Eigelb mit Wasser verquirlen und die Oberfläche damit bestreichen.

„PUMPKIN-PIE"

(Amerikanischer Kürbiskuchen)

Teig

250 g Mehl, 125 g weiche Butter, 1 Ei, 1 Prise Salz
1 EL Puderzucker (Staubzucker)
2 – 3 EL kaltes Wasser

Belag

600 g Kürbisfleisch, in Würfeln, vorgegart
2 EL gem. Mandeln
2 EL Puderzucker (Staubzucker) nach Belieben

Guss

250 ml süße Sahne, 2 Eier, 1 EL Stärkemehl
1 Pa. Vanillezucker, 2 EL Zucker
abger. Schale 1/2 unbehandelten Zitrone
1 Prise Salz

- Aus den angegebenen Zutaten einen Mürbeteig zubereiten. Hierzu das Mehl in eine Schüssel sieben, in die Mitte eine Vertiefung eindrücken, die übrigen Zutaten hineingeben und mit dem Elektroquirl mit Knetern zu einem geschmeidigen Teig verarbeiten. Sollte der Teig noch etwas krümelig sein, wenig Flüssigkeit zufügen und kurz von Hand zusammenkneten.
- In Folie gewickelt ca. 1 Stunde lang kaltstellen.
- Eine Tarteform (Ø 28 cm) aus Metall bereitstellen und leicht einfetten. Den Teig in Formgröße ausrollen, einlegen und einen Rand hochziehen. Den Boden mehrfach mit einer Gabel einstechen, damit er beim Backen keine Blasen bildet, dann mit den gemahlenen Mandeln bestreuen.
- Das Kürbisfleisch gleichmäßig auf dem Teigboden verteilen, einige Stücke als Dekoration zurückbehalten. Nach Belieben mit Staubzucker bestreuen.
- Den Backofen auf 180 – 200°C vorheizen.
- Für den Guss alle Zutaten

verrühren und über den Kürbis in die Form geben, diese sofort in das untere Drittel des heißen Backofens setzen. Den Kuchen in ca. 40 – 50 Minuten goldbraun backen.

▶ Nach Ablauf der Backzeit den Pie leicht ausdampfen lassen und vorsichtig aus der Form lösen.

Interessant für Sie: „Pumpkin“ ist die amerikanische Bezeichnung für Kürbis, allerdings wird er häufig eingesetzt, wenn die Halloween-Kürbisse gemeint sind. Die Bezeichnung stammt ursprünglich vom altgriechischen Wort „pepon“, das übersetzt „große, runde Melone“ bedeutet.

KÜRBIS-PÜREE

ca. 1 kg mehliger Riesen-Kürbis, wenig faserhaltig z.B. Rikyû

- Den Kürbis zerteilen, schälen, das faserige Innere sowie die Kerne entfernen, dann das Fruchtfleisch würfeln. In einem größeren Topf mit Dämpfeinsatz über heißem Wasser ca. 20 Minuten dünsten, bis das Fruchtfleisch weich ist.
- Den leicht abgekühlten Kürbis dann mit einer Gabel zerdrücken oder mit einem Mixstab pürieren.
- Zuletzt das Püree über einem feinen Sieb abtropfen lassen, dabei die Abtropfflüssigkeit auffangen und für Suppen verwenden.

Tipp:
Aus 100 g Fruchtfleisch erhält man ca. 70 – 80 g Püree, je nach Kürbissorte. Das Püree lässt sich frisch verwenden z.B. für ein raffiniertes Mousse, aber auch einfrieren oder einkochen.

SÜß-SAURER KÜRBIS MIT INGWER

1 – 1,2 kg Kürbis z. B. gelber Winterkürbis
20 g Ingwerwurzel, 1/4 l trockener Weißwein
200 ml Obstessig, 300 g feinster Zucker
ca. 200 ml Wasser, 1 Prise Salz, 4 Gewürznelken
8 Pfefferkörner

- Den Kürbis in größere Spalten schneiden, den faserigen Innenteil sowie die Kerne entfernen, dann das Fruchtfleisch von der Schale lösen und in ca. 2 cm große Würfelstücke zerteilen.
- Die Ingwerwurzel schälen

und in Scheiben schneiden.

- Aus Wein, Essig, Zucker, Salz und den Gewürzen einen Sud zubereiten. Diesen mindestens 5 Minuten kochen lassen, dann die Kürbisstücke dazugeben, einmal aufkochen, von der Kochstelle nehmen, etwas durchziehen lassen, dann in Vorratsgläser füllen und gut verschließen. Dabei müssen die Kürbisstücke mit Sud bedeckt sein.

Tipp:

Gut verschraubte Gläser sind im Kühlschrank 1 – 2 Monate lang haltbar. In dieser Zeit sollte der Kürbis aufgebraucht werden. Er passt als Beilage zu gekochtem Fleisch, aber auch zu gebratenen Kartoffeln (Erdäpfeln) oder Fondues.

KÜRBIS IN ÖL

1 kg Kürbis, 175 ml Obst- oder Weinessig
6 – 8 Knoblauchzehen, 2 Thymianzweige
ca. 250 ml Keimöl, ca. 250 ml kaltgepresstes Olivenöl

- Den Kürbis in Spalten schneiden, diese schälen und das faserige Innere sowie die Kerne herauslösen. Das Fruchtfleisch würfeln.
- Etwa 1 Liter Wasser mit Essig aufkochen, die Kürbiswürfel darin 5 – 8 Minuten blanchieren, dann abgießen und abtropfen lassen.
- Die Knoblauchzehen schälen, grob hacken oder halbieren. Abwechselnd Kürbisstücke, Knoblauch, Thymiannadeln sowie das gemischte Öl in Einmach- oder Marmeladengläsern einschichten. Dabei muss das Öl die Fruchtstücke ganz bedecken.
- Die Gläser fest verschließen und an einem kühlen, dunklen Ort aufbewahren. Vor der ersten Verwendung einige Tage abwarten.

KÜRBIS-APFEL-KONFITÜRE

700 – 800 g Kürbis, 200 ml Apfelsaft
500 g Apfelmus von säuerlichen Äpfeln
500 g Gelierzucker 2:1, 1 TL Zimt
Saft von 1 Orange

- Den Kürbis in größere Stücke zerteilen, diese schälen und das faserige Innere sowie die Kerne entfernen, dann das Fruchtfleisch kleinwürfeln. Zusammen mit dem Apfelsaft in 15 – 20 Minuten unter beständigem Rühren weichkochen, dann etwas ausdampfen lassen und mit dem elektrischen Pürierstab oder im Mixer pürieren.
- Kürbis- und Apfelmus in einem hohen, weiten Topf mischen, leicht erwärmen.

- Gelierzucker, Zimt und Orangensaft gut unterrühren. Nun die Mischung zum Kochen bringen und mindestens 4 Minuten lang sprudelnd kochen lassen. Dabei immer wieder gut durchrühren.
- Die so hergestellte Konfitüre sofort in heiß ausgespülte Twist-Off-Gläser füllen und fest verschließen.
- Die Gläser ca. 5 Minuten lang auf den Deckel gewendet stehen lassen.

Tipp:

Im Rezept wird beschrieben, wie man ein Kürbismus herstellt. Auf gleiche Art können sie auch Apfelmus zubereiten. Die Kürbis-Apfel-Konfitüre ergibt ca. 5 – 6 Gläser à 230 ml.

KÜRBIS-GELEE

1,5 kg Kürbis (vorbereitet gewogen)
1,2 l Wasser, 1 kg Gelierzucker
Saft von 2 Zitronen, 1 TL gehackte Minze

▶ Zur Vorbereitung den Kürbis in Stücke schneiden, dabei den faserigen Innenteil sowie die Kerne herauslösen. Nun die einzelnen Stücke schälen und in 2 – 3 cm große Würfel zerteilen. In einen hohen, weiten Topf geben und zusammen mit dem Wasser weichkochen. Dabei gelegentlich umrühren und bei Bedarf nochmals Wasser angießen.

▶ Nun die Mischung auf ein Baumwolltuch geben und über einem zweiten Topf abtropfen lassen, dann durchpressen oder ur Saftgewinnung einen ampfentsafter einsetzen.

3/4 Liter kalten Saft mit dem elierzucker und Zitronensaft ermischen. Unter Rühren zum Kochen bringen, mindestens 4 Minuten sprudelnd kochen lasen.

- Die feingehackte Minze unterrühren, dann das Gelee heiß in vorbereitete Gläser füllen, diese fest verschließen, dann ca. 5 Minuten auf den Deckel gewendet stehen lassen.

Tipp:
Die Menge ergibt ca. 8 – 10 Gläser à 200 – 230 ml.

KÜRBIS-ORANGENGELEE MIT INGWER

500 g Kürbisfleisch (vorbereitet gewogen)
500 ml frisch gepresster Orangensaft
30 g frischer Ingwer
Saft und Schale 1 unbehandelten Zitrone
1150 g Gelierzucker

- Zur Vorbereitung den Kürbis n Stücke schneiden, dabei den faserigen Innenteil sowie die Kerne sorgfältig herauslösen. Die einzelnen Stücke schälen und in 2 – 3 cm große Würfel zerteilen.
- Den Ingwer schälen und sehr fein hacken.
- Die Kürbiswürfel und den Ingwer zusammen mit dem Orangensaft, dem Zitronensaft und der -schale sowie dem Gelierzucker in einen hohen, weiten Topf geben.
- Unter beständigem Rühren zum Kochen bringen, dann 4 - 6 Minuten sprudelnd kochen lassen.
- Das Gelee heiß in vorbereitete Gläser füllen, diese fest verschließen, dann ca. 5 Minuten auf den Deckel gewendet stehen lassen.
- Beim Abkühlen mehrmals wenden, damit sich der Kürbis gleichmäßig im Glas verteilt.

CHUTNEY AUS KÜRBISFLEISCH

600 g vorgegarte Kürbiswürfel
1 große Zwiebel, 1 Msp. Koriander, 2 TL Salz
1 TL weißer Pfeffer, 1 TL Curry
1 TL frisch ger. Ingwer
50 g Rosinen (Weinbeeren), 1/4 l Weinessig
350 g Gelierzucker „2:1" bzw. „2plus1"
40 g gehackte Kürbiskerne

- Die Kürbiswürfel kleinschneiden, in eine Schüssel geben. Die Zwiebel schälen, fein würfeln und dazugeben. Zusammen mit den Gewürzen, den gewaschenen, abgetropften Rosinen sowie dem Essig durchmischen und mit Klarsichtfolie abgedeckt mehrere Stunden lang durchziehen lassen.
- Dann die Mischung unter beständigem Rühren zum Kochen bringen, die Temperatur reduzieren und bei milder Hitze ca. 40 – 60 Minuten köcheln lassen, dabei immer wiede umrühren.
- Den Gelierzucker und die gehackten Kerne zufügen, weitere 15 Minuten kochen lassen.
- Das Chutney heiß in vorbereitete Gläser füllen, sofort verschließen, dann noch einig Minuten auf dem Deckel stehen lassen, damit die Luft entweicht.

Interessant für Sie: Wie im Rezept beschrieben, werden Chutneys nach dem Aufkochen anschließend bei milder Hitze im offenen Topf dickmusig eingekocht. Dieser Vorgang kann lange dauern und muss beobachtet werden. Rühren ist unerlässlich. Dafür entsteht eine süß-sauer, fruchtig-köstliche Beilage, die hervorragend zu gekochtem oder gegrilltem Fleisch, zu Fondues (Fleisch-, Käse- oder Gemüsefondue), aber auch zu vielen Fleischgerichten passt.

STICHWORTVERZEICHNIS

Zu den Rezepten:

Die Rezepte dieses Buches sind für 4 Personen berechnet.
Die Temperaturangaben sind Richtwerte, die je nach Herdtyp abweichen können. Möchten Sie das jeweilige Rezept mit Heißluft zubereiten, so stellen Sie ca. 20 °C niedriger ein. Die Backzeiten bleiben in der Regel gleich. Bitte vergleichen Sie die Temperaturangaben vorab mit denjenigen in der Gebrauchsanweisung Ihres Herdes und stellen Sie ggf. etwas höher oder niedriger ein.

Zum Gebrauch des Buches:

Bitte beachten Sie folgende Abkürzungen bei den Rezepten:

EL	Esslöffel
TL	Teelöffel
Msp	Messerspitze
g	Gramm
kg	Kilogramm
l	Liter
cl	Zentiliter
geh.	gehäuft
gem.	gemahlen
ger.	gerieben
gestr.	gestrichen
Pa.	Päckchen

Bildnachweis:

Gusto/Theresa Schrems: Rücktitel, 3, 52, 59
Christiane Mecher: Innentitel
StockFood, Visual Israel, Sheffer: 6
StockFood, Fridhelm Volk: 7
StockFood, Martina Urban: 7
Österreich Werbung, Diejun: 8
Österreich Werbung, Wiesenhofer: 9
Reformhaus Kochstudio: 11, 25, 47, 51
becel: 13, 28, 57, 66/67
CMA, Deutsche Butter: 15, 23, 48/49, 60
Californ. Mandeln/Ketchum PR: Titel, 17
StockFood, William Ravell: 20
USA Sunflower/Ketchum PR: 32/33
Kikkoman, Ketchum PR: 36, 38
Gusto/Stefan Liewehr: 41
StockFood, Harry Bischof: 42
Fachverb. der Stärkeind.: 47
Gusto/Eisenhut & Mayer: 55
CMA: 60, 73, 75, 76
Almond Board of California, Ketchum PR: 6
Teubner FoodFoto: 65
StockFood, Zabert Sandmann, Newedel: 71

Autorin und Verlag danken den oben genannten Unternehmen für die umfangreiche und freundliche Bereitstellung des Bildmaterials.
Lektorat: Ursula Calis, München
Design & Produktion: Verlagsbüro Fritz Petermüller, Siegsdorf
Satz: SeiwaldMedia, Bernau
Lithos: Fotolitho Veneta, Veron
Verlagsnummer: 1742
ISBN 978-3-85491-848-6

Fax 0043 (0) 512/26 55 61-8
e-mail: kompass@kompass.a
http://www.kompass.at